保障农民工工资支付条例
学习读本

BAOZHANG NONGMINGONG GONGZI ZHIFU TIAOLI

XUEXI DUBEN

范家茂　主编

中国建材工业出版社

图书在版编目（CIP）数据

保障农民工工资支付条例学习读本 / 范家茂主编
. -- 北京 : 中国建材工业出版社， 2020.5（2022.3 重印）
ISBN 978-7-5160-2890-2

Ⅰ. ①保… Ⅱ. ①范… Ⅲ. ①民工－工资制度－条例－中国－学习参考资料 Ⅳ. ① D922.51

中国版本图书馆 CIP 数据核字（2020）第 061885 号

保障农民工工资支付条例学习读本
Baozhang Nongmingong Gongzi Zhifu Tiaoli Xuexi Duben
范家茂　主编

出版发行：中国建材工业出版社
地　　址：北京市海淀区三里河路 1 号
邮政编码：100044
经　　销：全国各地新华书店
印　　刷：北京印刷集团有限责任公司
开　　本：787mm×1092mm　1/32
印　　张：2.25
字　　数：80 千字
版　　次：2020 年 5 月第 1 版
印　　次：2022 年 3 月第 2 次
定　　价：18.00 元

本社网址：www.jccbs.com，微信公众号：zgjcgycbs

本书编写人员

编写人员： 范家茂（合肥职业技术学院）

沈万玉（安徽富煌钢构股份有限公司）

宁业群（合肥职业技术学院）

李淑芳（合肥职业技术学院）

王福胜（合肥职业技术学院）

邓　勋（合肥职业技术学院）

审查人员： 罗兆好（合肥职业技术学院）

杨俊斌（安徽富煌集团有限公司）

李家冬（安徽省建设法制协会）

前言

改革开放四十年来，广大农民工活跃在我国经济建设的各个领域，已经成为我国产业工人的主体，是国家现代化建设的重要力量。改革开放取得的巨大成就，凝聚着他们辛勤劳动的汗水，有他们的巨大奉献。党中央、国务院对维护农民工的合法权益特别是劳动报酬权益，历来高度重视，作出了一系列决策部署。多年来特别是党的十八大以来，在党中央、国务院的坚强领导下，在各地党委政府、各有关部门的积极努力下，治理欠薪工作取得了显著成效，拖欠农民工工资多发高发的态势得到了明显遏制。但是，由于长期以来形成的一些行业生产组织方式不规范，源头上建设资金不足，治理欠薪制度措施刚性不够，用人单位主体责任、属地政府和部门监管责任没有完全落实到位等原因，拖欠农民工工资问题屡治不绝。

李克强总理在2019年的《政府工作报告》中作出明确部署，要求抓紧制定专门行政法规。根据党中央、国务院的决策部署，司法部、人力资源社会保障部会同相关部门，按照“科学立法、民主立法、依法立法”的要求，围绕保障农民工工资支付，聚焦拖欠农民工工资主要领域的突出问题，研究起草了《保障农民工工资支付条例（草案）》[以下简称《条例（草案）》]。《条例（草案）》广泛征求了社会各界的意见，取得了高度的共识。2019年12月4日，国务院常务会通过了《条例（草案）》。

2019 年 12 月 30 日，中华人民共和国国务院令第 724 号公布《保障农民工工资支付条例》（以下简称《条例》），自 2020 年 5 月 1 日起施行。

《条例》的制定，坚持以习近平新时代中国特色社会主义思想为指导，全面贯彻党的十九大和十九届二中、三中、四中全会精神，按照"科学立法、民主立法、依法立法"要求，恪守立法为民理念，坚持源头治理、系统治理、综合治理，以保护广大农民工的合法权益，建立健全欠薪零容忍的制度体系、监管有效的工作格局、惩处有力的执法机制为目标，为保障农民工工资支付提供坚实的法治保障。《条例》的制定，是近年来治理欠薪工作成功经验的制度化提升，是依法治欠的重要体现和制度保证，彰显了党中央、国务院对根治欠薪工作的高度重视，顺应了社会各界对根治欠薪的期盼和呼吁，开启了依法治欠的新阶段。

《条例》非常重要，社会各界很期盼，也是依法治欠的一个重要保障。为便于建筑从业人员学习《条例》，特组织建设行业专家、学者和具有丰富施工管理经验的教育工作者等编写本读本，内容共包括四部分：第一部分为《条例》的内容；第二部分为图解《条例》；第三部分为司法部、人社部有关负责人对《条例》的相关内容进行解读；第四部分为专家对《条例》的解读。本读本内容全面具体、针对性强、图文并茂、形象易懂、携带方便，是建筑从业人员学习《条例》的良师益友。

本读本在编写过程中引用了国家法律法规和专业资料，在此对相关作者深表谢意，并对所有支持和帮助本读本编写的人员表示诚挚的谢意。

由于时间限制和编者水平有限，本读本难免有疏漏之处，欢迎广大读者批评指正，以便修订。

编　者

目 录

CONTENTS

第一部分

保障农民工工资支付条例

第一章　总　则

第一条　为了规范农民工工资支付行为，保障农民工按时足额获得工资，根据《中华人民共和国劳动法》及有关法律规定，制定本条例。

第二条　保障农民工工资支付，适用本条例。

本条例所称农民工，是指为用人单位提供劳动的农村居民。

本条例所称工资，是指农民工为用人单位提供劳动后应当获得的劳动报酬。

第三条　农民工有按时足额获得工资的权利。任何单位和个人不得拖欠农民工工资。

农民工应当遵守劳动纪律和职业道德，执行劳动安全卫生规程，完成劳动任务。

第四条　县级以上地方人民政府对本行政区域内保障农民工工资支付工作负责，建立保障农民工工资支付工作协调机制，加强监管能力建设，健全保障农民工工资支付工作目标责任制，并纳入对本级人民政府有关部门和下级人民政府进行考核和监督的内容。

乡镇人民政府、街道办事处应当加强对拖欠农民工工资矛盾的排查和调处工作，防范和化解矛盾，及时调解纠纷。

第五条　保障农民工工资支付，应当坚持市场主体负责、政府依法监管、社会协同监督，按照源头治理、预防为主、防治结合、标本兼治的要求，依法根治拖欠农民工工资问题。

第六条　用人单位实行农民工劳动用工实名制管理，与招用的农民工书面约定或者通过依法制定的规章制度规定工资支付标准、支付时间、支付方式等内容。

第七条　人力资源社会保障行政部门负责保障农民工工资支付工作的组织协调、管理指导和农民工工资支付情况的监督检查，查处有关拖欠农民工工资案件。

住房城乡建设、交通运输、水利等相关行业工程建设主管部门按照职责履行行业监管责任，督办因违法发包、转包、违法分包、挂靠、拖欠工程款等导致的拖欠农民工工资案件。

发展改革等部门按照职责负责政府投资项目的审批管理，依法审查政府投资项目的资金来源和筹措方式，按规定及时安排政府投资，加强社会信用体系建设，组织对拖欠农民工工资失信联合惩戒对象依法依规予以限制和惩戒。

财政部门负责政府投资资金的预算管理，根据经批准的预算按规定及时足额拨付政府投资资金。

公安机关负责及时受理、侦办涉嫌拒不支付劳动报酬的刑事案件，依法处置因农民工工资拖欠引发的社会治安案件。

司法行政、自然资源、人民银行、审计、国有资产管理、税务、市场监管、金融监管等部门，按照职责做好与保障农民工工资支付相关的工作。

第八条　工会、共产主义青年团、妇女联合会、残疾人联合会等组织按照职责依法维护农民工获得工资的权利。

第九条 新闻媒体应当开展保障农民工工资支付法律法规政策的公益宣传和先进典型的报道，依法加强对拖欠农民工工资违法行为的舆论监督，引导用人单位增强依法用工、按时足额支付工资的法律意识，引导农民工依法维权。

第十条 被拖欠工资的农民工有权依法投诉，或者申请劳动争议调解仲裁和提起诉讼。

任何单位和个人对拖欠农民工工资的行为，有权向人力资源社会保障行政部门或者其他有关部门举报。

人力资源社会保障行政部门和其他有关部门应当公开举报投诉电话、网站等渠道，依法接受对拖欠农民工工资行为的举报、投诉。对于举报、投诉的处理实行首问负责制，属于本部门受理的，应当依法及时处理；不属于本部门受理的，应当及时转送相关部门，相关部门应当依法及时处理，并将处理结果告知举报、投诉人。

第二章 工资支付形式与周期

第十一条 农民工工资应当以货币形式，通过银行转账或者现金支付给农民工本人，不得以实物或者有价证券等其他形式替代。

第十二条 用人单位应当按照与农民工书面约定或者依法制定的规章制度规定的工资支付周期和具体支付日期足额支付工资。

第十三条 实行月、周、日、小时工资制的，按照月、周、日、小时为周期支付工资；实行计件工资制的，工资支付周期由双方依法约定。

第十四条　用人单位与农民工书面约定或者依法制定的规章制度规定的具体支付日期，可以在农民工提供劳动的当期或者次期。具体支付日期遇法定节假日或者休息日的，应当在法定节假日或者休息日前支付。

用人单位因不可抗力未能在支付日期支付工资的，应当在不可抗力消除后及时支付。

第十五条　用人单位应当按照工资支付周期编制书面工资支付台账，并至少保存3年。

书面工资支付台账应当包括用人单位名称，支付周期，支付日期，支付对象姓名、身份证号码、联系方式，工作时间，应发工资项目及数额，代扣、代缴、扣除项目和数额，实发工资数额，银行代发工资凭证或者农民工签字等内容。

用人单位向农民工支付工资时，应当提供农民工本人的工资清单。

第三章　工资清偿

第十六条　用人单位拖欠农民工工资的，应当依法予以清偿。

第十七条　不具备合法经营资格的单位招用农民工，农民工已经付出劳动而未获得工资的，依照有关法律规定执行。

第十八条　用工单位使用个人、不具备合法经营资格的单位或者未依法取得劳务派遣许可证的单位派遣的农民工，拖欠农民工工资的，由用工单位清偿，并可以依法进行追偿。

第十九条 用人单位将工作任务发包给个人或者不具备合法经营资格的单位，导致拖欠所招用农民工工资的，依照有关法律规定执行。

用人单位允许个人、不具备合法经营资格或者未取得相应资质的单位以用人单位的名义对外经营，导致拖欠所招用农民工工资的，由用人单位清偿，并可以依法进行追偿。

第二十条 合伙企业、个人独资企业、个体经济组织等用人单位拖欠农民工工资的，应当依法予以清偿；不清偿的，由出资人依法清偿。

第二十一条 用人单位合并或者分立时，应当在实施合并或者分立前依法清偿拖欠的农民工工资；经与农民工书面协商一致的，可以由合并或者分立后承继其权利和义务的用人单位清偿。

第二十二条 用人单位被依法吊销营业执照或者登记证书、被责令关闭、被撤销或者依法解散的，应当在申请注销登记前依法清偿拖欠的农民工工资。

未依据前款规定清偿农民工工资的用人单位主要出资人，应当在注册新用人单位前清偿拖欠的农民工工资。

第四章 工程建设领域特别规定

第二十三条 建设单位应当有满足施工所需要的资金安排。

没有满足施工所需要的资金安排的，工程建设项目不得开工建设；依法需要办理施工许可证的，相关行业工程建设主管部门不予颁发施工许可证。

政府投资项目所需资金，应当按照国家有关规定落实到位，不得由施工单位垫资建设。

第二十四条　建设单位应当向施工单位提供工程款支付担保。

建设单位与施工总承包单位依法订立书面工程施工合同，应当约定工程款计量周期、工程款进度结算办法以及人工费用拨付周期，并按照保障农民工工资按时足额支付的要求约定人工费用。人工费用拨付周期不得超过1个月。

建设单位与施工总承包单位应当将工程施工合同保存备查。

第二十五条　施工总承包单位与分包单位依法订立书面分包合同，应当约定工程款计量周期、工程款进度结算办法。

第二十六条　施工总承包单位应当按照有关规定开设农民工工资专用账户，专项用于支付该工程建设项目农民工工资。

开设、使用农民工工资专用账户有关资料应当由施工总承包单位妥善保存备查。

第二十七条　金融机构应当优化农民工工资专用账户开设服务流程，做好农民工工资专用账户的日常管理工作；发现资金未按约定拨付等情况的，及时通知施工总承包单位，由施工总承包单位报告人力资源社会保障行政部门和相关行业工程建设主管部门，并纳入欠薪预警系统。

工程完工且未拖欠农民工工资的，施工总承包单位公示 30 日后，可以申请注销农民工工资专用账户，账户内余额归施工总承包单位所有。

第二十八条 施工总承包单位或者分包单位应当依法与所招用的农民工订立劳动合同并进行用工实名登记，具备条件的行业应当通过相应的管理服务信息平台进行用工实名登记、管理。未与施工总承包单位或者分包单位订立劳动合同并进行用工实名登记的人员，不得进入项目现场施工。

施工总承包单位应当在工程项目部配备劳资专管员，对分包单位劳动用工实施监督管理，掌握施工现场用工、考勤、工资支付等情况，审核分包单位编制的农民工工资支付表，分包单位应当予以配合。

施工总承包单位、分包单位应当建立用工管理台账，并保存至工程完工且工资全部结清后至少 3 年。

第二十九条 建设单位应当按照合同约定及时拨付工程款，并将人工费用及时足额拨付至农民工工资专用账户，加强对施工总承包单位按时足额支付农民工工资的监督。

因建设单位未按照合同约定及时拨付工程款导致农民工工资拖欠的，建设单位应当以未结清的工程款为限先行垫付被拖欠的农民工工资。

建设单位应当以项目为单位建立保障农民工工资支付协调机制和工资拖欠预防机制，督促施工总承包单位加强劳动用工管理，妥善处理与农民工工资支付相关的矛盾纠纷。发生农民工集体讨薪事件的，建设单位应当会同施工总承包单位及时处理，并向项目所在地人力资源社会保障行政部门和相关行业工程建设主管部门报告有关情况。

第三十条　分包单位对所招用农民工的实名制管理和工资支付负直接责任。

施工总承包单位对分包单位劳动用工和工资发放等情况进行监督。

分包单位拖欠农民工工资的，由施工总承包单位先行清偿，再依法进行追偿。

工程建设项目转包，拖欠农民工工资的，由施工总承包单位先行清偿，再依法进行追偿。

第三十一条　工程建设领域推行分包单位农民工工资委托施工总承包单位代发制度。

分包单位应当按月考核农民工工作量并编制工资支付表，经农民工本人签字确认后，与当月工程进度等情况一并交施工总承包单位。

施工总承包单位根据分包单位编制的工资支付表，通过农民工工资专用账户直接将工资支付到农民工本人的银行账户，并向分包单位提供代发工资凭证。

用于支付农民工工资的银行账户所绑定的农民工本人社会保障卡或者银行卡，用人单位或者其他人员不得以任何理由扣押或者变相扣押。

第三十二条　施工总承包单位应当按照有关规定存储工资

保证金，专项用于支付为所承包工程提供劳动的农民工被拖欠的工资。

工资保证金实行差异化存储办法，对一定时期内未发生工资拖欠的单位实行减免措施，对发生工资拖欠的单位适当提高存储比例。工资保证金可以用金融机构保函替代。

工资保证金的存储比例、存储形式、减免措施等具体办法，由国务院人力资源社会保障行政部门会同有关部门制定。

第三十三条 除法律另有规定外，农民工工资专用账户资金和工资保证金不得因支付为本项目提供劳动的农民工工资之外的原因被查封、冻结或者划拨。

第三十四条 施工总承包单位应当在施工现场醒目位置设立维权信息告示牌，明示下列事项：

（一）建设单位、施工总承包单位及所在项目部、分包单位、相关行业工程建设主管部门、劳资专管员等基本信息；

（二）当地最低工资标准、工资支付日期等基本信息；

（三）相关行业工程建设主管部门和劳动保障监察投诉举报电话、劳动争议调解仲裁申请渠道、法律援助申请渠道、公共法律服务热线等信息。

第三十五条 建设单位与施工总承包单位或者承包单位与分包单位因工程数量、质量、造价等产生争议的，建设单位不得因争议不按照本条例第二十四条的规定拨付工程款中的人工费用，施工总承包单位也不得因争议不按照规定代发工资。

第三十六条 建设单位或者施工总承包单位将建设工程发

包或者分包给个人或者不具备合法经营资格的单位，导致拖欠农民工工资的，由建设单位或者施工总承包单位清偿。

施工单位允许其他单位和个人以施工单位的名义对外承揽建设工程，导致拖欠农民工工资的，由施工单位清偿。

第三十七条　工程建设项目违反国土空间规划、工程建设等法律法规，导致拖欠农民工工资的，由建设单位清偿。

第五章　监督检查

第三十八条　县级以上地方人民政府应当建立农民工工资支付监控预警平台，实现人力资源社会保障、发展改革、司法行政、财政、住房城乡建设、交通运输、水利等部门的工程项目审批、资金落实、施工许可、劳动用工、工资支付等信息及时共享。

人力资源社会保障行政部门根据水电燃气供应、物业管理、信贷、税收等反映企业生产经营相关指标的变化情况，及时监控和预警工资支付隐患并做好防范工作，市场监管、金融监管、税务等部门应当予以配合。

第三十九条　人力资源社会保障行政部门、相关行业工程建设主管部门和其他有关部门应当按照职责，加强对用人单位与农民工签订劳动合同、工资支付以及工程建设项目实行农民工实名制管理、农民工工资专用账户管理、施工总承包单位代发工资、工资保证金存储、维权信息公示等情况的监督检查，预防和减少拖欠农民工工资行为的发生。

第四十条 人力资源社会保障行政部门在查处拖欠农民工工资案件时，需要依法查询相关单位金融账户和相关当事人拥有房产、车辆等情况的，应当经设区的市级以上地方人民政府人力资源社会保障行政部门负责人批准，有关金融机构和登记部门应当予以配合。

第四十一条 人力资源社会保障行政部门在查处拖欠农民工工资案件时，发生用人单位拒不配合调查、清偿责任主体及相关当事人无法联系等情形的，可以请求公安机关和其他有关部门协助处理。

人力资源社会保障行政部门发现拖欠农民工工资的违法行为涉嫌构成拒不支付劳动报酬罪的，应当按照有关规定及时移送公安机关审查并作出决定。

第四十二条 人力资源社会保障行政部门作出责令支付被拖欠的农民工工资的决定，相关单位不支付的，可以依法申请人民法院强制执行。

第四十三条 相关行业工程建设主管部门应当依法规范本领域建设市场秩序，对违法发包、转包、分包、挂靠等行为进行查处，并对导致拖欠农民工工资的违法行为及时予以制止、纠正。

第四十四条 财政部门、审计机关和相关行业工程建设主管部门按照职责，依法对政府投资项目建设单位按照工程施工合同约定向农民工工资专用账户拨付资金情况进行监督。

第四十五条　司法行政部门和法律援助机构应当将农民工列为法律援助的重点对象，并依法为请求支付工资的农民工提供便捷的法律援助。

公共法律服务相关机构应当积极参与相关诉讼、咨询、调解等活动，帮助解决拖欠农民工工资问题。

第四十六条　人力资源社会保障行政部门、相关行业工程建设主管部门和其他有关部门应当按照“谁执法谁普法”普法责任制的要求，通过以案释法等多种形式，加大对保障农民工工资支付相关法律法规的普及宣传。

第四十七条　人力资源社会保障行政部门应当建立用人单位及相关责任人劳动保障守法诚信档案，对用人单位开展守法诚信等级评价。

用人单位有严重拖欠农民工工资违法行为的，由人力资源社会保障行政部门向社会公布，必要时可以通过召开新闻发布会等形式向媒体公开曝光。

第四十八条　用人单位拖欠农民工工资，情节严重或者造成严重不良社会影响的，有关部门应当将该用人单位及其法定代表人或者主要负责人、直接负责的主管人员和其他直接责任人员列入拖欠农民工工资失信联合惩戒对象名单，在政府资金支持、政府采购、招投标、融资贷款、市场准入、税收优惠、评优评先、交通出行等方面依法依规予以限制。

拖欠农民工工资需要列入失信联合惩戒名单的具体情形，由国务院人力资源社会保障行政部门规定。

第四十九条 建设单位未依法提供工程款支付担保或者政府投资项目拖欠工程款，导致拖欠农民工工资的，县级以上地方人民政府应当限制其新建项目，并记入信用记录，纳入国家信用信息系统进行公示。

第五十条 农民工与用人单位就拖欠工资存在争议，用人单位应当提供依法由其保存的劳动合同、职工名册、工资支付台账和清单等材料；不提供的，依法承担不利后果。

第五十一条 工会依法维护农民工工资权益，对用人单位工资支付情况进行监督；发现拖欠农民工工资的，可以要求用人单位改正，拒不改正的，可以请求人力资源社会保障行政部门和其他有关部门依法处理。

第五十二条 单位或者个人编造虚假事实或者采取非法手段讨要农民工工资，或者以拖欠农民工工资为名讨要工程款的，依法予以处理。

第六章　法律责任

第五十三条 违反本条例规定拖欠农民工工资的，依照有关法律规定执行。

第五十四条 有下列情形之一的，由人力资源社会保障行政部门责令限期改正；逾期不改正的，对单位处 2 万元以上 5 万元以下的罚款，对法定代表人或者主要负责人、直接负责的主管人员和其他直接责任人员处 1 万元以上 3 万元以下的罚款：

（一）以实物、有价证券等形式代替货币支付农民工工资；

（二）未编制工资支付台账并依法保存，或者未向农民工提供工资清单；

（三）扣押或者变相扣押用于支付农民工工资的银行账户所绑定的农民工本人社会保障卡或者银行卡。

第五十五条　有下列情形之一的，由人力资源社会保障行政部门、相关行业工程建设主管部门按照职责责令限期改正；逾期不改正的，责令项目停工，并处5万元以上10万元以下的罚款；情节严重的，给予施工单位限制承接新工程、降低资质等级、吊销资质证书等处罚：

（一）施工总承包单位未按规定开设或者使用农民工工资专用账户；

（二）施工总承包单位未按规定存储工资保证金或者未提供金融机构保函；

（三）施工总承包单位、分包单位未实行劳动用工实名制管理。

第五十六条　有下列情形之一的，由人力资源社会保障行政部门、相关行业工程建设主管部门按照职责责令限期改正；逾期不改正的，处5万元以上10万元以下的罚款：

（一）分包单位未按月考核农民工工作量、编制工资支付表并经农民工本人签字确认；

（二）施工总承包单位未对分包单位劳动用工实施监督管理；

（三）分包单位未配合施工总承包单位对其劳动用工进行监

督管理；

（四）施工总承包单位未实行施工现场维权信息公示制度。

第五十七条 有下列情形之一的，由人力资源社会保障行政部门、相关行业工程建设主管部门按照职责责令限期改正；逾期不改正的，责令项目停工，并处5万元以上10万元以下的罚款：

（一）建设单位未依法提供工程款支付担保；

（二）建设单位未按约定及时足额向农民工工资专用账户拨付工程款中的人工费用；

（三）建设单位或者施工总承包单位拒不提供或者无法提供工程施工合同、农民工工资专用账户有关资料。

第五十八条 不依法配合人力资源社会保障行政部门查询相关单位金融账户的，由金融监管部门责令改正；拒不改正的，处2万元以上5万元以下的罚款。

第五十九条 政府投资项目政府投资资金不到位拖欠农民工工资的，由人力资源社会保障行政部门报本级人民政府批准，责令限期足额拨付所拖欠的资金；逾期不拨付的，由上一级人民政府人力资源社会保障行政部门约谈直接责任部门和相关监管部门负责人，必要时进行通报，约谈地方人民政府负责人。情节严重的，对地方人民政府及其有关部门负责人、直接负责的主管人员和其他直接责任人员依法依规给予处分。

第六十条 政府投资项目建设单位未经批准立项建设、擅自扩大建设规模、擅自增加投资概算、未及时拨付工程款等导致拖欠农民工工资的，除依法承担责任外，由人力资源社会保障行政部门、其他有关部门按照职责约谈建设单位负责人，并作为其业绩考核、薪酬分配、评优评先、职务晋升等的重要依据。

第六十一条　对于建设资金不到位、违法违规开工建设的社会投资工程建设项目拖欠农民工工资的，由人力资源社会保障行政部门、其他有关部门按照职责依法对建设单位进行处罚；对建设单位负责人依法依规给予处分。相关部门工作人员未依法履行职责的，由有关机关依法依规给予处分。

第六十二条　县级以上地方人民政府人力资源社会保障、发展改革、财政、公安等部门和相关行业工程建设主管部门工作人员，在履行农民工工资支付监督管理职责过程中滥用职权、玩忽职守、徇私舞弊的，依法依规给予处分；构成犯罪的，依法追究刑事责任。

第七章　附　则

第六十三条　用人单位一时难以支付拖欠的农民工工资或者拖欠农民工工资逃匿的，县级以上地方人民政府可以动用应急周转金，先行垫付用人单位拖欠的农民工部分工资或者基本生活费。对已经垫付的应急周转金，应当依法向拖欠农民工工资的用人单位进行追偿。

第六十四条　本条例自 2020 年 5 月 1 日起施行。

第二部分

图解《保障农民工工资支付条例》

一、李克强签署国务院令公布《保障农民工工资支付条例》

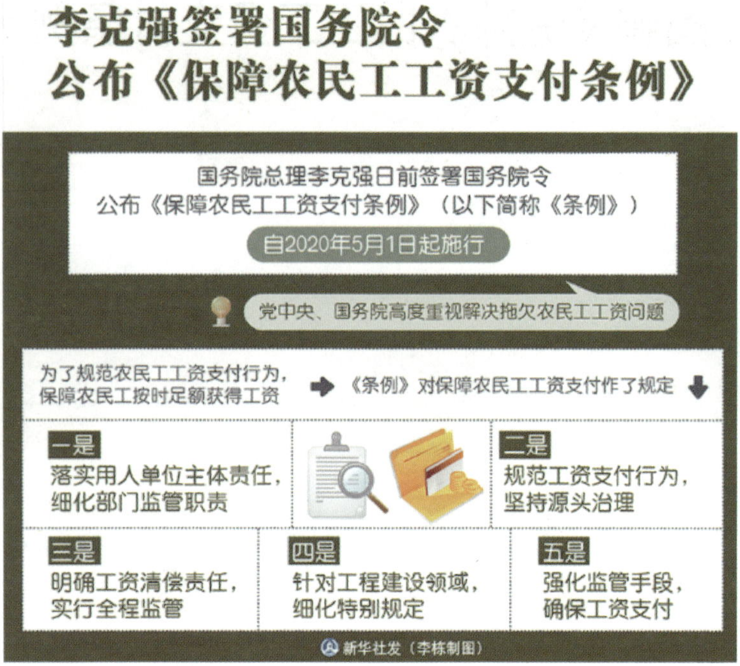

二、关于发工资，农民工和包工头聊了聊

拖欠农民工工资是昧良心行为！农民工为国家建设发展作出了重大而独特的贡献，必须保证他们的辛劳获得及时足额的报酬。李克强总理日前签署国务院令公布《保障农民工工资支付条例》。@农民工朋友，你关心的问题，政策文件是怎么说的，让我们赶紧来看看正确答案吧！

农民工工资可以被拖欠吗?
农民工
可以吧，别拖欠太久就行。
包工头
任何单位和个人不得拖欠农民工工资。
政策小达人
招用农民工可以口头约定工资支付标准和方式吗?
当然可以啊，我又不会跑了，说给肯定给呗!
用人单位实行农民工劳动用工实名制管理，与招用的农民工书面约定或者通过依法制定的规章制度规定工资支付标准、支付时间、支付方式等内容。

工资是打到我们的银行卡上吗？

社保卡也行啊！

施工总承包单位根据分包单位编制的工资支付表，通过农民工工资专用账户直接将工资支付到农民工本人的银行账户，并向分包单位提供代发工资凭证。用于支付农民工工资的银行账户所绑定的农民工本人**社会保障卡**或者**银行卡**，用人单位或者其他人员不得以任何理由扣押或者变相扣押。

可以用实物或者有价证券等其他形式替代工资吗？

万一缺现金，也可以先用吃的用的东西垫上，过后再补。

农民工工资应当以**货币形式**，通过银行转账或者现金支付给农民工本人。

必须按月付给农民工工资吗?
这个随意，半年发一次也行啊，不会少给的!
实行月、周、日、小时工资制的，按照**月、周、日、小时**为周期支付工资；实行计件工资制的，工资支付周期由双方依法**约定**。
万一发生洪水、地震等不可抗力情况怎么支付工资?
过后再说!
用人单位因不可抗力未能在支付日期支付工资的，应当在不可抗力消除后**及时支付**。

付工资时，需要给明细吗？

太麻烦，给个总数就行了。

用人单位向农民工支付工资时，应当提供农民工本人的**工资清单**。

万一用人单位恶意拖欠怎么办，谁管我们啊？

我们可是大公司，不会跑路的！

用人单位一时难以支付拖欠的农民工工资或者拖欠农民工工资逃匿的，县级以上地方人民政府可以动用**应急周转金**，先行垫付用人单位拖欠的农民工部分工资或者基本生活费。

用人单位万一倒闭关门了，拖欠的工资怎么支付？

那我们也没办法了……

用人单位被依法吊销营业执照或者登记证书、被责令关闭、被撤销或者依法解散的，应当在申请注销登记前**依法清偿**拖欠的农民工工资。

除了上面这些问题，如果有分包单位未按月考核农民工工作量、编制工资支付表并经农民工本人签字确认，施工总承包单位未实行施工现场维权信息公示制度等情况的，还有可能处**5万元以上10万元以下**的罚款。

@农民工朋友们，《条例》自**2020年5月1日**起施行。如果还有不明白的地方，赶紧扫二维码看全文吧！

中国政府网出品

策划：郭晓婷　　设计：徐菁

第三部分

部委解读《保障农民工工资支付条例》

一、两部委负责人就《保障农民工工资支付条例》答记者问

2019 年 12 月 30 日，国务院总理李克强签署第 724 号国务院令，公布《保障农民工工资支付条例》（以下简称《条例》）。《条例》自 2020 年 5 月 1 日起施行。日前，司法部、人力资源社会保障部负责人就《条例》的有关问题回答了记者提问。

问：请简要介绍一下《条例》的出台背景。

答：我国有近 3 亿农民工，他们是推动我国社会主义现代化建设的重要力量，为经济社会发展作出了重大而独特的贡献。劳有所得，天经地义。工资是农民工的保命钱、活命钱、养命钱，是提升农民工群体获得感、幸福感、安全感的重要物质基础，必须保证他们的辛劳及时获得足额的报酬。

党中央、国务院历来高度重视解决拖欠农民工工资问题。《国务院办公厅关于全面治理拖欠农民工工资问题的意见》（国办发〔2016〕1 号）明确了一系列拖欠农民工工资的治理措施，取得了积极成效；国家出台了规范政府投资行为和建设市场秩序的法律法规，对解决拖欠农民工工资问题发挥了积极作用。不过现实中仍存在一些导致拖欠农民工工资的问题，需要进一步解决：一是建设项目资金不到位。除社会投资项目外，政府投资

项目也存在拖欠工程款的现象，与拖欠农民工工资问题相互交织。二是工程建设领域欠薪。建设市场秩序不规范，存在违法分包、层层转包、挂靠承包等违法违规行为，增加了治理拖欠农民工工资的难度。三是施工企业劳动用工不规范。工程建设领域利益链条过长，管理不规范，加剧了处于末端环节的农民工工资拖欠问题。拖欠农民工工资问题原因复杂，根治这一问题必须多管齐下。在深入分析农民工欠薪根源、梳理现有治理农民工欠薪政策落实情况、总结治理欠薪实践经验基础上，制定专门行政法规,以法治手段推动根治欠薪问题,是十分必要的。

问：制定《条例》的总体思路是什么？

答：《条例》的制定遵循以下总体思路：

一是贯彻落实习近平总书记、李克强总理关于治理拖欠农民工工资问题的重要指示批示，坚持以人民为中心，注重总结实践经验，将成熟有效的政策举措法定化。

二是坚持问题导向，突出重点，兼顾一般。围绕根治拖欠农民工工资目标，聚焦问题突出的工程建设领域，压实用人单位主体责任，强化政府部门监管职责，综合运用多种手段，坚持源头治理、全程监管、防治结合、标本兼治。

三是处理好与民法、建筑法、劳动合同法等法律法规的关系，坚持法治原则，既解决实际问题，又做好法规衔接。

问：《条例》在压实各方责任、确保按时足额支付农民工工资方面作了哪些规定？

答：为确保按时足额支付农民工工资，《条例》明确了用人单位主体责任、政府属地责任和部门监管责任，主要规定了以下内容：一是明确用人单位支付农民工工资的首要责任。坚持市场主体负责、政府依法监管、社会协同监督原则；用人单位拖欠农民工工资的，应当依法予以清偿。二是压实地方人民政府属地监管责任。县级以上地方人民政府对本行政区域内保障农民工工资支付工作负责，建立保障农民工工资支付工作协调机制，加强监管能力建设，健全保障农民工工资支付工作目标责任制，并纳入对本级人民政府有关部门和下级人民政府进行考核和监督的内容。乡镇人民政府、街道办事处应当加强对拖欠农民工工资矛盾的排查和调处工作，防范和化解矛盾，及时调解纠纷。三是明确部门职责，实现部门协同联动。人力资源社会保障行政部门负责保障农民工工资支付工作的组织协调、管理指导和农民工工资支付情况的监督检查，查处有关拖欠农民工工资案件。住房城乡建设、交通运输、水利等相关行业工程建设主管部门按照职责履行行业监管责任，督办因违法发包、转包、违法分包、挂靠、拖欠工程款等导致的拖欠农民工工资案件。发展改革、财政、公安以及其他相关部门依法承担相应职责，做好与保障农民工工资支付相关的工作。四是工会、共青团、妇联、残联等组织按照职责依法维护农民工获得工资的权利，发挥新闻媒体普法宣传和舆论监督作用，引导用人单位增强依法用工、按时足额支付工资的法律意识，引导农民工依法维权。

问:《条例》在坚持源头预防、规范工资支付行为方面作了哪些规定?

答: 规范工资支付行为是治理拖欠农民工工资问题的源头。《条例》坚持源头预防，主要规定了以下内容：一是用人单位实行农民工劳动用工实名制管理，与招用的农民工书面约定或者通过依法制定的规章制度规定工资支付标准、支付时间、支付方式等内容。实行月、周、日、小时工资制的，按照月、周、日、小时为周期支付工资；实行计件工资制的，工资支付周期由双方依法约定。二是农民工工资应当以货币形式，通过银行转账或者现金支付给农民工本人,不得以实物或者有价证券等其他形式替代。三是用人单位应当按照与农民工书面约定或者依法制定的规章制度规定的工资支付周期和具体支付日期足额支付工资。四是用人单位应当按照工资支付周期编制书面工资支付台账，并至少保存3年；向农民工支付工资时，应当提供农民工本人的工资清单。

问:《条例》在明确工资清偿主体、实现全程监管方面作了哪些规定?

答: 明确清偿主体是治理拖欠农民工工资问题的关键。由于企业生产组织方式和用工方式日趋复杂，有些情形下发生农民工工资拖欠后清偿主体难以及时确定，严重影响拖欠农民工工资问题的快速解决。为此,《条例》做好与相关法律法规的衔接，对一些特殊情形下拖欠农民工工资的清偿作了规定：一是不具备合法经营资格的单位招用农民工，农民工已经付出劳动而未获得工资的，依照有关法律规定执行，即由该单位或者其出资人清偿。二是用工单位使用个人、不具备合法经营资格的单位或者未依法取得劳务派遣许可证的单位派遣的农民工，拖欠农民工工资的，由用工单位清偿，并可以依法进行追偿。三是用人单位将工作任务发包给个人或者不具备合法经营资格的单位，导致拖欠所招用农民工工资的，依照有关法律规定执行，即由发包的组织与承包经营者承担连带赔偿责任。用人单位允许个人、不具备合法经营资格或者未取得相应资质的单位以用人单位的名义对外经营，导致拖欠所招用农民工工资的，由用人单位清偿，并可以依法进行追偿。四是合伙企业、个人独资企业、个体经济组织等用人单位拖欠农民工工资的，应当依法予以清偿；不清偿的，由出资人依法清偿。五是用人单位合并或者分立时，应当在实施合并或者分立前依法清偿拖欠的农民工工资；经与农民工书面协商一致的，可以由合并或者分立后承继其权利和义务的用人单位清偿。六是用人单位被依法吊销营业执照或者登记证书、被责令关闭、被撤销或者依法解散的，应当在申请注销登记前依法清偿拖欠的农民工工资；未按规定清偿农民工工资的用人单位主要出资人，应当在注册新用人单位前清偿拖欠的农民工工资。

问：工程建设领域是治理拖欠农民工工资的重点，《条例》在这方面规定了哪些特别措施？

答：《国务院办公厅关于全面治理拖欠农民工工资问题的意见》（国办发〔2016〕1号）以工程建设领域为重点，明确了一系列治理措施。《条例》在总结各地推行实践的基础上，围绕资金到位、按时拨付、确保发放等方面，全链条多环节进行规范，主要作了以下规定：一是针对建设资金不到位问题，规定建设单位未满足施工所需资金安排的，不得开工建设或者颁发施工许可证；建设单位应当向施工单位提供工程款支付担保；建设项目的人工费用与工程款实行分账管理，建设单位按照约定将人工费用及时足额拨付至施工总承包单位的农民工工资专用账户。二是针对工程建设领域欠薪问题，规定建设单位有权督促施工总承包单位加强劳动用工管理，施工总承包单位对分包单位工资发放等进行监督，分包单位直接负责对所招用农民工的管理；将建设工程发包或者分包给个人或者不具备合法经营资格的单位，导致拖欠农民工工资的，由建设单位或者施工总承包单位清偿；施工总承包单位应当在施工现场设立维权信息告示牌。三是针对施工企业劳动用工不规范问题，规定施工总承包单位或者分包单位对所招用的农民工进行实名登记管理；农民工工资推行由分包单位委托施工总承包单位代发；施工总承包单位应当按照规定开设农民工工资专用账户，并按照规定存储工资保证金或者以金融机构保函替代，专项用于支付农民工被拖欠的工资。

问:《条例》在加强保障农民工工资支付工作的监督管理方面作了哪些规定?

答：细化部门监管职责，是根治拖欠农民工工资问题的内在需要。为此，《条例》在监督检查方面作出了一系列规定：一是人力资源社会保障行政部门、相关行业工程建设主管部门和其他有关部门按照职责，对劳动合同签订、工资支付、用工实名制、工资专用账户、施工总承包单位代发工资、工资保证金存储、维权信息公示等情况加强监督检查。二是人力资源社会保障行政部门在查处拖欠农民工工资案件时，经批准可以依法查询相关单位金融账户和相关当事人拥有房产、车辆等情况。三是发生用人单位拒不配合调查、清偿责任主体无法联系等情形的，人力资源社会保障行政部门可以请求公安机关和其他有关部门协助处理；对拖欠农民工工资涉嫌构成拒不支付劳动报酬罪的，及时移送公安机关审查并作出决定。四是对用人单位开展守法诚信等级评价；建立拖欠农民工工资“黑名单”，将用人单位及其法定代表人或者主要负责人、直接负责的主管人员和其他直接责任人员列入失信联合惩戒对象名单，依法依规予以限制。

问：《条例》在法律责任方面作了哪些规定？

答： 为了确保农民工工资支付保障制度落地实施，加大对违法行为的惩戒力度，营造“不愿欠薪”“不能欠薪”“不敢欠薪”的社会氛围，《条例》在法律责任方面主要作了以下规定：一是明确拖欠农民工工资行为的法律责任，促使用人单位履行主体责任。违反规定拖欠农民工工资的，依照有关法律规定执行，也就是由人力资源社会保障行政部门责令限期支付；逾期不支付的，向劳动者加付应付金额百分之五十以上百分之一百以下的赔偿金；涉嫌构成拒不支付劳动报酬罪的，及时移送司法机关追究刑事责任。对以实物或者有价证券等代替货币支付工资、未编制并保存工资支付台账、未向农民工提供工资清单、扣押或者变相扣押用于支付工资的社会保障卡或者银行卡等违法行为的，由人力资源社会保障行政部门责令限期改正；逾期不改正的，在对单位给予罚款的同时，对法定代表人或者主要负责人、直接负责的主管人员和其他直接责任人员给予罚款。二是突出工程建设领域违法行为的法律责任。对施工总承包单位未按规定开设或者使用农民工工资专用账户、未按规定存储工资保证金或者未提供金融机构保函，施工总承包单位、分包单位未实行劳动用工实名制管理，建设单位未依法提供工程款支付担保、未按约定及时足额拨付人工费用，建设单位或者施工总承包单位拒不提供或者无法提供工程施工合同、农民工工资专用账户有关资料等违法行为，规定了责令限期改正、处 5 万元以上 10 万元以下罚款，对其中的一些违法行为，还规定了责令项目停工、降低资质等级或者吊销资质证书等处罚。三是明确政府部门监管不到位的责任，促使政府投资行为更加规范。政府投资项目政府投资资金不到位拖欠农民工工资的，由人力资源社会保障行政部门报本级政府批准后，责令限期足额拨付所拖欠的资金；逾期不拨付的，对有关部门负责人进行约谈，必要时进行通报，约谈地方政府负责人；情节严重的，对政府及其有关部门负责人、直接负责的主管人员和其他直接责任人员依法依规给予处分。对人力资源社会保障、发展改革、财政、公安等部门和相关行业工程建设主管部门工作人员，在履行农民工工资支付监督管理职责过程中滥用职权、玩忽职守、徇私舞弊的，依法依规给予处分；构成犯罪的，依法追究其刑事责任。

二、《保障农民工工资支付条例》开启依法治理欠薪的新阶段

新华社北京 1 月 7 日电　坚持问题导向 明确法律责任——《保障农民工工资支付条例》开启依法治理欠薪的新阶段

新华社记者　王优玲

工资报酬权益是劳动者的核心权益。我国日前公布的《保障农民工工资支付条例》，坚持问题导向，明确农民工工资支付各环节责任，加强事前、事中、事后监管，开启了我国依法治理欠薪的新阶段。

明确法律责任　构建共治体系

“条例的制定，是近年来治理欠薪工作成功经验的制度化提升，是依法治欠的重要体现和制度保证，开启了依法治欠的新阶段。”人力资源社会保障部副部长张义全说。

据介绍，以往涉及保障工资报酬权益的有关执法依据散见在劳动法、劳动合同法、《劳动保障监察条例》等法律法规中。在执法实践中，各地普遍反映，有关法律法规规定得比较原则，操作起来不好把握；对欠薪问题多发高发的工程建设领域，由于其中往往涉及工程款纠纷，按照现行法律法规，难以对清偿主体作出有效的认定，在一定程度上影响了欠薪问题的及时有

效解决。

“条例是各项工资保障制度的集成、定型和法治化，为实现根治欠薪目标提供了制度支撑和法律保障。”张义全说。多年来，治理欠薪工作取得了显著成效，拖欠农民工工资多发高发的态势得到了明显遏制。但由于长期以来形成的一些行业生产组织方式不规范，源头上建设资金不足，治理欠薪制度措施刚性不够，用人单位主体责任、属地政府和部门监管责任没有完全落实到位等原因，拖欠农民工工资问题屡治不绝。

条例横向、纵向压实责任，明确了地方政府属地责任、部门监管责任、用人单位主体责任。司法部立法三局局长王振江说，条例对拖欠农民工工资行为的法律责任作出了明确规定。按照条例规定，对违反规定拖欠农民工工资的，依照有关法律规定执行；逾期不支付的，向劳动者加付应付金额百分之五十以上百分之一百以下的赔偿金；涉嫌构成拒不支付劳动报酬罪的，及时移送司法机关追究刑事责任。

坚持问题导向　聚焦工程建设领域

工程建设领域是农民工欠薪“顽疾”高发区，如何破解该领域导致欠薪的源头性深层次问题？人力资源社会保障部劳动保障监察局局长王程说，条例坚持问题导向，在各个方面对工程建设领域保障农民工工资支付作出了规定。

在源头预防上，条例要求施工总承包单位或者分包单位，依法与所招用的农民工订立劳动合同，并进行实名制的登记和管理，如实记录施工项目实际进场人员、考勤情况。条例同时规定，施工总承包单位要开设专项用于农民工工资支付的银行账户，建设单位从源头上将人工费用从工程款剥离出来，拨付到专用账户。确保人工费优先拨付到位，防止人工费与材料费、管理费等资金混同或者被挤占。

“此外，在工程建设领域，由施工总承包单位按照规定的缴存比例缴存工资保证金，发生欠薪时，经责令支付而拒不支付或是无力支付的，由主管部门启用工资保证金予以清偿。为了减轻企业负担，条例规定，保证金采取差异化的缴存方式，还可以通过金融机构保函来替代。”王程说。

实践中，工程款通常按照工程节点拨付，与每月发放农民工工资存在“时间差”。王程说，条例作了两项规定：一是实行工程款支付担保制度，由建设单位向施工单位提供工程款支付担保；二是建设单位需将人工费用与其他工程款分账管理，按时单独拨付到农民工工资专用账户，拨付周期不得超过一个月。“人工费必须按照至少每月一次的方式拨付。这两项制度设计，对保障工程建设领域的工资支付起到关键性作用。”

加大治欠力度　扎紧不敢欠、不能欠的制度笼子

加强事前、事中、事后监管，构建政策完整闭环，条例的实施将加大依法“治欠”的力度。人力资源和社会保障部法规司司长芮立新说，条例明确规定，用人单位实行农民工劳动用工实名制管理，与招用农民工书面约定或者通过依法制定的规章制度规定工资支付标准、支付时间、支付方式等内容。这些规定有助于解决发生拖欠工资之后证据不足的问题。

失信惩戒也是根治欠薪的有力“抓手”。王程说，将有两种情形被纳入拖欠农民工工资“黑名单”：一是克扣、无故拖欠农民工工资，数额达到认定拒不支付劳动报酬罪数额标准的；二是因为拖欠农民工工资违法行为引起群体性事件、极端事件造成严重不良社会影响的。被列入“黑名单”后，将由相关部门按照有关规定对这些违法单位和个人在政府资金支持、政府采购、招投标、生产许可、资质审核、融资贷款、市场准入、税收优惠、评优评先等诸多方面实施联合惩戒。

王振江表示，条例坚持“刀刃向内”，明确了政府部门监管不到位的责任，促使政府投资行为更加规范。政府投资项目建设单位违规导致拖欠农民工工资的，除依法承担责任外，还要约谈建设单位负责人，并作为其业绩考核、薪酬分配、评优评先、职务晋升等方面的重要依据。

第四部分

专家解读《保障农民工工资支付条例》

一、依法治理拖欠农民工工资正当其时

中国劳动和社会保障科学研究院研究员　刘军胜

《保障农民工工资支付条例》（以下简称《条例》）是贯彻落实习近平总书记关于根治农民工欠薪问题的重要批示精神和2019年《政府工作报告》关于抓紧制定根治农民工欠薪专门行政法规工作部署的实际行动。《条例》的出台，开启了依据行政法规治理拖欠农民工工资问题的新阶段，解决了之前主要依据规范性文件、地方性法规、规章进行治理的局限。

（一）厘清支付责任是根本

实践中拖欠农民工工资，一个很重要的原因是工资支付责任不明确。农民工的劳动组织方式十分复杂，人力资源社会保障行政部门或司法机关在处理农民工欠薪案件时，常常难以区分谁是用工主体或者谁应当承担欠薪清偿责任。为此，《条例》明确规定市场主体负责，用人单位拖欠农民工工资的，应当依法予以清偿。针对实践中市场主体难辨的情况，《条例》做好与相关民商事法律法规的衔接，对一些特殊情形下拖欠农民工工资的清偿主体作了明确。“冤有头、债有主”，只要拖欠农民工工资，法律就一定会追根溯源，还农民工以公道。

（二）规范支付行为是基础

实践中拖欠农民工工资，还有一个很重要的原因，就是农民工工资支付不规范，主要体现：一是施工单位普遍采用平时只发基本生活费、待项目结束或年终结算时再向农民工支付大部分工资；二是用人单位向农民工支付工资既不编制工资台账，也不提供工资清单；三是一些单位以为农民工保管工资为由变相扣押农民工工资等。针对这些情况，《条例》明确规定工资应通过银行转账或者现金支付给农民工本人，应当按照书面约定或依法制定的规章制度规定的周期和日期足额支付。用人单位应当编制书面工资支付台账，提供农民工本人的工资清单。用人单位或者其他人员不得以任何理由扣押或者变相扣押用于支付工资的农民工本人社会保障卡或者银行卡。所有这些都是用人单位向农民工支付工资的基础规范，对于防止用人单位延期支付导致拖欠农民工工资具有重要意义。

（三）健全保障机制是关键

当前工程建设领域拖欠农民工工资案件较多，是治理拖欠农民工工资问题的重点。为此，《条例》就工程建设领域治欠保支规定了特别措施。针对建设项目资金不到位，《条例》提出没有满足施工所需要的资金安排的，项目不得开工建设或者颁发施工许可证；政府投资项目不得由施工单位垫资建设；建设单位应当向施工单位提供工程款支付担保；施工总承包单位应当依法存储工资保证金或者提供金融机构保函，坚决遏制住欠薪源头。针对拖欠农民工工资和拖欠工程款相互交织，《条例》规定实行工程款和人工费用分账管理，施工总承包单位应当按规定开设农民工工资专用账户。针对劳动用工不规范，《条例》规定施工总承包单位和分包单位应当依法与农民工订立劳动合同并实行实名制登记；施工总承包单位应当在工程项目部配备劳资专管员，对分包单位劳动用工实施监督管理；施工总承包单位和分包单位应当建立用工管理台账；推行分包单位农民工工资委托施工总承包单位代发制度，确保处于利益链条末端的农民工工资及时足额发放。《条例》还规定施工总承包单位应当在施工现场醒目位置设立维权信息告示牌，方便农民工依法维权。上述规范措施是强化工程建设领域工资支付保障的关键，《条例》将其提升到行政法规层面，将在全国范围内治理农民工工资拖欠发挥更大作用。

（四）强化支付监督是依靠

制度的落实，有赖于监督。《条例》在健全监督机制方面有三大突破。一是本着政府主导原则，明确各方监管职责。《条例》压实地方政府监管责任，明确人力资源社会保障行政部门负责保障农民工工资支付工作的组织协调、管理指导、监督检查和案件查处职责，落实住房城乡建设、交通运输、水利等部门的行业监管责任，实现部门协同。发挥工会、共青团、妇联、残联依法维护农民工权利的职能，以及新闻媒体普法宣传的舆论监督作用，强化举报投诉，实现多方共治。二是本着“在其位谋其政”原则，明确监管内容。《条例》规定人力资源社会保障行政部门、相关行业工程建设主管部门和其他有关部门按照职责，对劳动合同签订、工资支付、用工实名制、工资专用账户、总承包单位代发工资、工资保证金存储、维权信息公示等情况加强监督检查，确保《条例》构建的各项制度措施落到实处。三是本着责权相称原则，健全监管手段。《条例》规定县级以上地方人民政府应当建立农民工工资支付监控预警平台，实现部门信息及时共享。规定人力资源社会保障行政部门在查处拖欠农民工工资案件时，可以依法查询相关单位金融账户和相关当事人拥有房产、车辆等情况；发生用人单位拒不配合调查、清偿责任主体无法联系等情形的，可以请求公安机关和其他有关部门协助处理；实行用人单位守法诚信等级评价制度，建立拖欠农民工工资“黑名单”，将用人单位及相关责任人员列入失信联合惩戒对象，依法依规予以限制，切实解决查处欠薪案件缺手段问题。

（五）严格责任追究是保障

拖欠农民工工资未能实现根本治理，有一个十分重要的原因就是拖欠农民工工资的违法成本过低。对此,《条例》本着“有责不担必追责”的原则，加大处罚力度，提高违法成本。《条例》规定，施工总承包单位未按规定开设和使用农民工工资专用账户、未存储工资保证金或提供金融机构保函、未实行劳动用工实名制管理的，由有关部门责令改正；逾期不改正的，责令项目停工，并处罚款；情节严重的，给予施工单位限制承接新工程、降低资质等级、吊销资质证书等处罚。政府投资项目拖欠农民工工资的，责令限期足额拨付；还可以通报、约谈有关负责人；情节严重的，对相关责任人员依法依规给予处分。

农民工工资事关农民工工作、生活和发展，根治拖欠农民工工资问题事关社会公平正义、和谐稳定与政府公信力，是全面建成小康社会的需要，是推进国家治理体系和治理能力现代化的重要内容。《条例》以高度的现实紧迫性和历史责任感，本着以人民为中心的执政理念，按照源头治理、全程监管、防治结合、标本兼治的方针，制定了一系列针对性很强的治理规范。《条例》的出台和严格施行，必将有助于实现农民工工资“基本无拖欠”的目标。

二、建立健全法治化的农民工工资支付保障制度

中国政法大学教授　王显勇

《保障农民工工资支付条例》（以下简称《条例》）是一部用法治手段治理欠薪顽疾，确保农民工按时足额获得工资报酬，

促进社会公平正义和社会稳定的行政法规。党的十九届四中全会审议通过了《中共中央关于坚持和完善中国特色社会主义制度、推进国家治理体系和治理能力现代化若干重大问题的决定》，强调要建设中国特色社会主义法治体系，健全社会公平正义法治保障制度，加大关系群众切身利益的重点领域执法力度，坚持和完善共建、共治、共享的社会治理制度。《条例》坚持以人民为中心，着力解决广大农民工最关心、最直接、最现实的利益问题，是筑牢民生底线、促进社会公平正义的法治保障；强调多方共治、综合治理，运用行政、司法、信用和社会监督手段根治农民工欠薪问题，体现共建、共治、共享的社会治理原则；坚持科学立法、民主立法、依法立法，广泛听取有关部门、地方政府、企业、专家和农民工代表的意见，集中民智民意，最大程度凝聚共识。

（一）《条例》坚持问题导向和目标导向，旨在保障农民工工资权益

工资是农民工及其家庭生活的最主要来源，也是其最基本的权益。近年来经过系统治理，农民工工资拖欠问题得到明显遏制。从国家统计局监测来看，被拖欠工资的农民工比重从2008年的4.1%，下降到2018年的0.67%。全国人社部门查处的拖欠农民工工资案件、涉及人数和金额也呈逐年下降趋势，但是农民工工资拖欠问题尚未从根本上得到解决。农民工欠薪问题成因复杂，既有建设资金不到位问题，也有建筑市场秩序

不规范问题，还有劳动用工不规范等问题，必须多管齐下，综合治理。《条例》坚持问题导向和目标导向，针对工资支付行为不规范、责任主体难确定、工程建设领域欠薪突出、监管手段不足等实际问题对症施策，重点对工资支付主体责任和监管责任、工资支付形式和周期、工资清偿、工程建设领域欠薪等作出全面系统规定，为农民工按时足额获得工资建立了系统化的特殊保护制度。

（二）《条例》构建了法治化的共治体系，治理主体实行多方共治，加强共建、共治、共享

保障农民工工资支付既是企业责任，也需要地方政府和相关部门齐抓共管、形成合力。

第一，落实用人单位工资支付主体责任。用人单位按照与农民工约定的工资支付周期和具体支付日期，通过银行转账或者现金形式足额支付工资，不得以实物或者有价证券等其他形式替代。《条例》还规定了发生农民工工资拖欠时的清偿责任。

第二，确立地方政府属地监管责任。县级以上地方人民政府具体负责本行政区域内保障农民工工资支付工作，健全目标责任制，纳入对本级人民政府有关部门和下级人民政府进行考核和监督的内容。

第三，明确部门职责。人力资源社会保障行政部门负责保障农民工工资支付的组织协调、管理指导和农民工工资支付情况的监督检查，查处有关拖欠农民工工资案件。加强工程建设

领域行业主管部门监管职责，发展改革、财政、公安等部门根据各自职责做好相关的监督管理工作。

第四，强化社会协同监督与媒体舆论监督。工会、共青团、妇联、残联等组织依法维护农民工获得工资的权利。新闻媒体依法加强舆论监督。任何单位和个人对拖欠农民工工资的行为都有权举报、投诉。

（三）《条例》构建了法治化的治理制度体系，创新保障措施，实施全链条各环节综合治理

工程建设领域欠薪频发、高发的背后是拖欠工程款、“三包一靠”、用工主体没有责任能力等深层次问题，《条例》从资金来源、市场规范、用工管理等源头性问题入手，将实践中行之有效的制度措施予以立法确认，旨在有效解决工程建设领域“没钱发”“发给谁”“怎么发”等欠薪难题。

第一，施工总承包单位建立农民工工资专用账户。建设单位将人工费从工程款中剥离出来，及时足额拨付到专用账户，专项用于支付该工程建设项目农民工工资，防止拖欠工程款和拖欠农民工工资问题相互交织。

第二，推行农民工工资总包代发。将农民工工资从资金链条最末端提到前端，由分包单位委托施工总承包单位通过专用账户，直接将工资发到农民工本人的银行账户，防止层层截留、克扣。

第三，用工实名制管理。施工总承包单位或者分包单位应

当依法与所招用的农民工订立劳动合同并进行用工实名登记，防止出现农民工身份、工资核算的争议。建立工资保证金制度，专项用于支付为所承包工程提供劳动的农民工被拖欠的工资。对建设单位、施工总承包单位、分包单位三方在项目用工、工资支付方面的监督管理作出明确规定。

（四）《条例》构建了监管有力、惩戒多元的法治化实施体系，实施机制坚持防治结合，注重全程监管

高效严密的法律实施机制是确保各项制度落地的有力抓手。

第一，全方位加强预防。建立农民工工资支付监控预警平台，实现政府部门之间信息共享。人社部门开展监测预警并做好防范。发挥乡镇政府、街道办事处熟悉基层情况的优势，加强工资矛盾排查和调处。要求建设单位以项目为单位，建立保障工资支付协调和预防机制。

第二，加强动态监管。人社部门、相关行业工程建设主管部门等按照职责加强劳动合同签订、工资支付、实名制管理、工资专用账户、总包代发、工资保证金、维权信息公示等情况的监督检查。相关行业工程建设主管部门依法规范建设市场秩序，对违法发包、转包、违法分包、挂靠等行为进行查处。

第三，强化监察执法手段。人社部门经批准可以查询相关单位金融账户和相关当事人拥有房产、车辆等情况。相关单位不履行责令支付农民工工资决定的，人社部门可以依法申请法院强制执行。

第四，加大事后惩戒力度。对违反一般性工资支付制度、违反工程建设领域特别规定、不履行配合查询单位金融账户义务的，给予行政处罚。对政府投资项目政府投资资金不到位拖欠农民工工资的，责令限期补足资金，视情形约谈、通报和处分。加强信用惩戒，向媒体曝光严重拖欠工资的违法行为，对拖欠农民工工资“黑名单”依法依规联合惩戒。这些事前、事中、事后的监管措施将形成严密的监管网络，推动形成“不敢欠薪、不愿欠薪”的社会氛围。

三、加强监管　加重责任——保障农民工工资支付的有力举措

中国劳动和社会保障科学研究院研究员　王文珍

近日，《保障农民工工资支付条例》（以下简称《条例》）由国务院正式颁布，为“确保付出辛苦和汗水的农民工按时拿到应有的报酬”提供了有力的法治保障。《条例》围绕依法根治欠薪总体目标，全面、系统地规定了保障农民工工资支付的制度和机制，构建了涵盖源头预防、动态监管、事后惩戒全过程的欠薪治理体系。其中，加强监管、加重责任，既是欠薪治理体系的有机组成部分，也是关乎治理机制落地实施的重要保障措施。

（一）明确职责，形成合力监管的工作格局

农民工欠薪特别是工程建设领域农民工欠薪，影响重大且成因复杂，必须实施有效监管，营造“不能欠”的制度环境。齐抓共管、合力共治是《条例》的重点内容，也是特色内容之一。

其一，明确地方政府的属地监管责任，强化保障农民工工资支付工作的重要性。《条例》规定，县级以上地方人民政府对辖区内保障农民工工资支付工作负责，要求建立工作协调机制、健全目标责任制并纳入政府考核体系。其二，明晰政府部门的监管职责，杜绝部门间推诿扯皮。《条例》规定，人力资源社会保障行政部门在保障农民工工资支付工作中承担组织协调、管理指导、监督检查和案件查处职责；住房城乡建设、交通运输、水利等部门按照职责履行行业监管责任。此外，《条例》还明确了发展改革、财政、公安、司法行政等诸多部门的相应职责。其三，坚持政府依法监管与社会协同监督相结合。《条例》在强化政府监管责任的同时，要求工会、共青团、妇联和残联等组织按照职责依法维护农民工获得工资的权利，要求新闻媒体发挥舆论监督作用，要求相关部门畅通举报、投诉渠道。

（二）注重预防，构筑全程监管的工作体系

保障农民工工资支付，既需要事后处理，更需要源头预防、过程监控。《条例》的内容设计充分体现了全程监管的要求。

一是确立了监测预警制度。实践表明，绝大多数欠薪事件

都“有迹可循”,只要提前监测到位,完全可以“早发现、早预防、早处置”。在总结近年来地方实践经验的基础上,《条例》要求县级以上地方人民政府建立农民工工资支付监控预警平台，及时实现不同部门之间信息互通共享，同时对地方人社部门根据企业生产经营指标变化开展监控预警的做法予以确认并加以保障。

二是突出了过程监管。用工管理不规范、工资支付制度不完善，尤其是工程建设领域长期、大量存在的“潜规则”现象，是导致农民工欠薪易发、多发、集中爆发的主要原因。针对这一问题，本着标本兼治的原则,《条例》规定人力资源社会保障部门、相关行业主管部门及其他有关部门应当按照职责，加强对用人单位与农民工签订劳动合同、工资支付以及工程建设领域落实农民工实名制、农民工工资专用账户、施工总承包单位代发工资、工资保证金、维权信息公示等制度的监督检查。《条例》还特别规定，相关行业工程建设主管部门依法规范建设市场秩序，查处违法发包、转包、违法分包及挂靠等行为；财政部门、审计机关和相关行业工程建设主管部门依法对政府投资项目建设单位按照约定拨付资金情况进行监督。

三是强调了普法宣传工作。普及法律知识、提升法律意识，有助于培养用人单位及其负责人“不愿欠”的自觉性，有助于提升农民工的自我保护能力和依法理性维权意识。为此,《条例》规定，人力资源社会保障行政部门、相关行业工程建设主管部门和其他有关部门按照“谁执法谁普法”普法责任制的要求，开展普法宣传工作。

（三）强化手段，加大政府监管的工作力度

在长期“治欠保支”过程中，劳动保障监察机构能力不足、手段不强问题反映强烈。为强化执法手段，《条例》作了以下规定：

一是人力资源社会保障行政部门根据水电燃气供应、物业管理、信贷、税收等反映企业生产经营相关指标的变化情况，及时监控和预警工资支付隐患并做好防范工作，市场监管、金融监管、税务等部门应当予以配合。

二是人力资源社会保障行政部门在查处拖欠农民工工资案件时，经设区的市级以上地方人民政府人力资源社会保障行政部门负责人批准，可以依法查询相关单位金融账户和相关当事人拥有房产、车辆等情况的，有关金融机构和登记部门应当予以配合。

三是人力资源社会保障部门查处案件时，发生当事人拒不配合或者无法联系等情形的，可以请求公安机关和有关部门协助处理；当事人不履行责令支付农民工工资决定时，可以依法申请人民法院强制执行。

四是强化社会信用体系在保障农民工工资支付中的应用。人力资源社会保障部门对用人单位开展守法诚信等级评价；用人单位严重拖欠农民工工资的，将违法行为向社会公布，必要时由媒体公开曝光；对拖欠农民工工资情节严重或者造成严重不良社会影响的，将用人单位及有关责任人员列入失信联合惩戒对象名单，使其“一旦拖欠，处处受限”；对未依法提供工程

款支付担保或者政府投资项目拖欠工程款，导致拖欠工资的建设单位，限制其新建项目，并记入信用记录，在国家信用信息系统公示。

（四）加重责任，严惩拖欠农民工工资的违法行为

处罚责任偏轻、违法成本较低，是农民工欠薪问题“久治难愈”的原因之一。为严惩欠薪行为,加大“不敢欠”的震慑力，《条例》在既有法律规定的基础上加重了法律责任：

一是增加了对违反工资支付制度的行政处罚。当用人单位出现违反货币支付原则、工资支付台账制度、扣押或者变相扣押农民工社保卡或者银行卡三种情形之一，经责令改正后逾期不改的，对用人单位和相关责任人员实行“双罚款”制度。

二是为保证“工程建设领域特别规定”的贯彻落实，对建设单位、施工总承包单位、分包单位违反特别规定的要求，经责令改正后逾期不改的，规定了罚款、责令停工、降低资质等级或者吊销资质证书等较为严厉的处罚措施。

三是对政府投资项目、建设单位违规等导致拖欠农民工工资的，规定了责令限期拨付、约谈、通报等措施；对政府部门工作人员未履行规定职责的，依法依规给予处分。

保障农民工工资支付，是落实以人民为中心发展理念的具体体现，党中央、国务院高度重视，广大农民工朋友热切期盼。我们相信，随着《条例》的颁布和实施，根治农民工欠薪的目标一定会早日实现。

四、保障工程建设领域农民工工资支付的系统工程

中国人民大学劳动人事学院教授　常　凯

国务院颁布的《保障农民工工资支付条例》（以下简称《条例》），是完善我国劳动法制、健全工资支付保障制度的一部重要行政法规，也是我国第一次为保障农民工群体权益制定的专门法规。其出台背景是要解决农民工欠薪问题，保障农民工劳有所得，维护社会公平正义。《条例》很重要的一个特点是，坚持问题导向和目标导向，聚焦农民工欠薪突出的工程建设领域，以根治欠薪为直接目标构建了一套完整具体的制度体系，主要体现就是《条例》第四章"工程建设领域特别规定"。该章共15条，对于工程建设领域农民工工资支付的要求、程序、做法等作了详细具体的规定。这些规定对各地贯彻落实《国务院办公厅关于全面治理拖欠农民工工资问题的意见》（国办发〔2016〕1号）、建立健全保障农民工工资支付制度的经验做法作了总结提炼，具有很强的针对性、可操作性。

第四章规定的保障工程建设领域农民工工资支付制度体系，主要包括五个方面的内容，即分账管理、工资专户、总包代发、农民工实名制、维权告示。这五项制度从保障工资来源（从哪

来）、确保工资安全（放在哪）、明确发放主体（谁来发）、保障发放到人（发给谁）、加强监督（谁监督）等工资支付全环节进行制度设计，形成了一套适合工程建设领域的系统的工资支付保障体系，对解决工程建设领域中市场秩序和劳动用工不规范导致的欠薪问题有很强的针对性。

一是分账管理制度。分账管理是指将工程款中的人工费用（工资款）单独列账并予以保障。工程建设行业的许多建筑承包商需要预先垫付资金或原材料及劳动力，才能获得施工项目。在此期间，劳动者平时只能领取一些生活费，到了年关休工或工程结束才能结算工资。劳动者的工资和工程款绑在一起，总承包商拿不到工程款，下面层层分包的施工队也拿不到钱，致使农民工被集体欠薪。解决这一问题，必须从源头上保障工资的来源并明确相关责任。对此，《条例》确定了工资与工程款分账管理的制度，规定：政府投资项目所需资金应当按照国家有关规定落实到位，不得由施工单位垫资建设。建设单位与施工总承包单位依法订立书面工程施工合同，应当约定工程款计量周期、工程款进度结算办法以及人工费用拨付周期，并按照保障农民工工资按时足额支付的要求约定人工费用。人工费用拨付周期不得超过 1 个月。为防止建设单位拖欠工程款，《条例》还规定，建设单位应当向施工单位提供工程款支付担保。同时，为及时解决企业无力支付或拒不支付拖欠的农民工工资，《条例》还规定了工资保证金制度，施工总承包单位应当按照有关规定存储工资保证金或者以金融机构保函替代，专项用于支付为所承包工程提供劳动的农民工被拖欠的工资。以上规定可以有效地保证工程建设行业农民工工资来源，防止出现欠薪时无钱可发的问题。

二是农民工工资专用账户制度。农民工工资专用账户是指施工总承包单位开设的，专项用于农民工工资相关款项存储和发放的账户。由于工程建设行业层层分包的不规范现象和用工特点，以往农民工工资发放经常处于一种多头的零散无序状态，甚至对工资是否发放以及发放数额都无法搞清。针对这一问题，《条例》规定，施工总承包单位应当按照有关规定开设农民工工资专用账户，专项用于支付该工程建设项目农民工工资。建设方将支付给施工方的工资款项以及工资发放都直接通过工资专户，以有效地管理和监督农民工工资发放全过程。银行一旦发现资金未按约拨付等情况，应及时通知施工总承包单位，由施工总承包单位报告人力资源社会保障行政部门和相关行业工程建设主管部门，并纳入欠薪预警系统。为保证工资专户的稳定和安全，《条例》还特别规定，除法律另有规定外，专用账户资金和工资保证金不得因支付为本项目提供劳动的农民工工资之外的原因被查封、冻结或者划拨。

三是总包代发工资制度。总包代发工资是指在农民工工资发放程序上，以与建设方签订协议的工程承包方为主体设立银行账户，并负责将工资通过该账户打入用于支付农民工工资的银行账户所绑定的农民工本人社会保障卡或者银行卡。这一规定的重要意义就是针对建设市场中存在的层层转包、违法分包等不规范现象，减少中间层次，克服层层转包容易发生欠薪的弊端，使得农民工可以在总承包单位的工资专户上，直接获得工资。为此《条例》规定，工程建设领域推行分包单位农民工工资委托施工总承包单位代发制度。在工资发放的过程中，分包单位负责按月考核农民工工作量并编制工资支付表，经农民工本人签字确认，与当月工程进度等一并报施工总承包单位。施工总承包单位根据分包单位编制的工资支付表，经专用账户直接支付到农民工银行账户，并向分包单位提供代发工资凭证。

四是农民工实名管理制度。农民工实名制是指对工程建设企业所招用工人的从业、培训、技能和权益保障等，以真实身份信息认证方式进行综合管理的制度。实名制的提出，源于在一个高度分散、流动的工程建设行业劳动力市场中，层层分包的用工机制使得管理和作业两层分离，劳动者不知道究竟谁是他的直接工作单位，单位也搞不清楚自己的职工是哪些人。准确认定劳动者的身份是规范工资支付的前提，因为要保证工资直接发放到劳动者手中，就必须搞清楚劳动者的个人信息，包括基本信息（身份、文化程度、工种、技能等级和基本安全培训等）和从业信息（工作岗位、劳动合同签订、考勤、工资支付和从业记录等)等。为了规范工程建设领域劳动用工管理,《条例》明确要求，没有订立劳动合同并实名登记，不得进入项目现场施工。同时要求施工总承包单位应当在工程项目部配备劳资专管员，对分包单位劳动用工实施监督管理，掌握现场用工、考勤、工资支付等情况,审核分包单位编制的农民工工资支付表。

五是维权告示制度。为引导劳动者依法及时维权，《条例》规定了维权信息告示制度，要求施工总承包单位应当在施工现场醒目位置设立维权信息告示牌，明示下列事项：建设单位、施工总承包单位及所在项目部、分包单位、相关行业工程建设主管部门、劳资专管员等基本信息；当地最低工资标准、工资支付日期等基本信息；投诉举报电话、劳动争议调解仲裁申请渠道、法律援助申请渠道、12348 公共法律服务热线等信息。

这些制度措施的落地实施，必将进一步规范工程建设领域人工费用拨付、用工管理和工资支付行为，为确保付出辛劳的农民工拿到工资提供强有力的法治保障。

来源：中国劳动保障报